L'ANTIQVITÉ

DE

BOVRDEAVS.

*Presentée au Roy le treziesme iour d'Auril,
l'an mille cinq cens soixante cinq.*

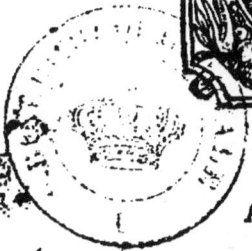

A POITIERS,

De l'Imprimerie d'Enguilbert de Marnef.

1565

CHARLE IX.

I EN VOVS pourmenant par voſtre Roiaume, SIRE, vous aués eu bonne enuie de vous enquerir, & entendre de l'antiquité de vos villes : auſsi croi-ie qu'aués trouué prou de gens, qui ſe ſont efforcés de vous en compter tout ce, qu'ils en penſoient ſauoir. Mais entre les antienes villes de la France, qui ſont en grand nombre, il en i a fort peu qui puiſſent ſi aſſeurement parler de leur premiere fondation, que Marſeille & Aes, ou vous eſtiés n'aguere. BOVRDEAVS ne le ſauroit fere : qui eſt la principale ville de voſtre Guiene, & celle, qui pour le iourdui monſtre plus d'enſeignes de long aage, que ville que vous aiés en toute la Gaule de l'occidant. De laquelle, pource que ie crains, que quelquun de ceus qui n'ont honte de controuuer des fables, quant ils ne ſauent rien de la vraie hiſtoire, ne vous compte des manſonges en lieu de verités, ie me ſuis enhardi, treſpetit & treshumble ſubiet de voſtre maieſté, de vous venir preſenter a ceſte voſtre premiere venue & entrée treſdeſirée en icelle, vn diſcours contenant, en mon aduis, tout ce, qui ſe peut ſauoir pour le iourdui, & dire au vrai, de l'antiqué de la ville de Bourdeaus. La choſe n'eſt pas grande : mais ſi les ſubieɢtz ne deuoient offrir a leurs Rois, que choſes de pois & mezure eguale a leur hauteſſe, quant ſeroit ce, qu'ils auroient que leur donner? Ie n'ai nullement douté de voſtre treſliberalle bonté, qu'elle ne receuſt volontiers, & print en gré ce petit liuret, ſorti de l'eſtude du pauure principal de voſtre college de Bourdeaus : lequel eſt merueilleuzement marri, qu'il n'a, de quoi il vous peuſt mieus remercier de la grand' grace & liberalité, de laquelle aués vzé ces iours en ſon en-

PIETATE
ET
IVSTITIA.

droit, & enuers ledit college : & dont il s'affeure , que conti-
nuerés d'vfer, pour la bonne volonté , que portés a tous voz
fubiectz, & mefmement a voftre ville de Bourdeaus , & a toute voftre Guiene : qui ont du regne trefrenommé de voftre aieul
François , commencé de voir , que leur ieuneffe foit en ledit
college mout bien & proprement inftruicte en toutes bonnes
difciplines, pour le feruice de D I E V, de vous & des voftres.
Que D I E V face voftre France tant heureuze, S I R E, qu'elle
puiffe voir vn iour , qu'aueque ce beau titre de S A G E , qu'-
elle bailla iadis a cellui de vos predeceffeurs Rois, qui a efté
compté le cinquiefme de voftre nom, vous aiés atteint, & ou-
trepaffé la GRANDEVR du premier CHARLE.

Les Fautes.

A premier, page 2. ligne 11. lifés ainfi, fit aueque fon fr. lig. 21.
efté anciennement de part. A 2. pag. 1. lig. 12. Et ces vill. A 3.
pag. 1. lig. 9. Perigueux, Sarlat, Condon. Et lig. 16. la primace : & de fecund.

B 1. pag. 2. lig. 12. diuinations. lig. 17. qui mefm. lig. 19. amphitheatre. B 2. page 1. lig. 12. de Gallienus. B 3. ia plufieurs
fois Berriuiers, pour Berruiers. pag. 1. lig. 25. emparée du. pag.
2. lig. 1. des premieres du.

C 1. pag. 1. lig. 19. Ce VIV donque, qui peut la fignifier
V I V V S , ni pourroit il aufsi fignifier V I V I S C V S, cóm. pag.
2. lig. 13. la, ils naû. C. 2. pag. 1. lig. 16. vng grammairien Latin,
nommé Domitius Calderinuf : qui a trou. C. 2. pag. 2. lig. 8.
Ambulatri , Anag. C 4. pag. 1. lig. 21. de brique mout bell.

D. 1. pag. 1. lig. 13. peint fon Bourd. lig. 18. a temples & autres
edifices. D 2. pag. 1. lig. 11. la , ou elles. lig. 18. porte B E -
G V E I R E.

E 1. pag. 1. lig. 18. mefme main, qu'eft ce moulin, blanch. pag.
2. lig. 22. couft, refere vn. E 2. pag. 1. lig. 11. esbatu a le harpent.
pag. 2. lig. 5. de plant. Ainfi. lig. 15. Palais Tutele. lig. 19. afsiete,
figure, & gr. lig. 23. grans honneurs, que lui ont fait les emp. E
3. pag. 2. lig. 9. ΠΑΤΡΙ ΘΑΤΕΡΟΝ. Et lig. 14. T I B E-
R I V S. E 4. pag. 2. lig. 14. Venize, maugré qu'en. lig. 26. efcrit,
qu'il vint a Bourd.

BREF DISCOVRS DE L'ANTIQVITE DE BOVRDEAVS.

A GVIENE, que les Grecs et Latins ont apllée Aquitania, a esté en diuers temps de diuerse estendue. Enuiron cinquante six ans deuant que IESVS CHRIST notre sauueur naquit, comme nous congnoissons par les memoires de Iule Cesar Dictateur, qui en ce temps là commança, la guerre en la Gaule, elle n'auoit de toute la Gaule, que celle petite portion. qui est encloze de la grand mer, des mons Pyrenées, qui diuisent la Gaule, et l'Espagne, et de la riuiere de Garonne, laquelle sort desdicts Pyrenées, et par Touloze, Agen, et Bourdeaus s'en coule en la grand' mer. Mais Cesar Octauian Auguste fils par adoptiõ dudict Iule Cesar, et son successeur en la monarchie Romaine, l'eslargit iusques a la riuiere du Loire, quant il eut conquesté et pacifié toute la Gaule, et qu'il ordonna ses prouinces, et y mit des gouuerneurs. Ainsi nous la escript le geographe Strabõ. Le nom de Guiene n'a iamais passé outre, que ie sache, ains s'est touiours tenu ainsi enfer-

A

DECLARATION DES PARTIES, ET LIEVX PLVS NOTABLES DV PRESENT POVRTRAICT DE LA VILLE DE BOVRDEAVS.

3, 2, 4, 5, l'antiene & premiere ville de Bourdeaus: par le meilhieu de laquelle passe le ruisseau de la Diuice. a, l'Eglise archiepiscopalle de saint André. f, saint Proiect. 10, ancien logis du seigneur de Lansac. A, le palais. Z, saint Pierre. Q, c, ladicte Diuice. p, saint Simson. e, l'hospital de la ville. 11, college de saint Pierre Brelant. F, porte di-Los. v, le Temple. c, ez is du seigneur de Duras. q, Puissantin. y, saint Remis. Premiere crue de ladicte ville 6, 7, 8, 9. par laquelle passe, 3, 0, P, R, le ruisseau du Peangue. la sont, B, pont saint Iehan. o, la peissonnerie. e fulee. 12, les escholes de loix. g, logis de Talbot. n, la Mairerie. m, le college & escholle de la ville. l, la Maizon de la ville. O, le Marché. C, sainte Columbe. En l'autre crue de ville e mesme part y-a, D, saint Michel. M', Fontaines. N, le grand conuent des Cordeliers. K, saint Iacme. h, les Carmes. b, le chasteau du Ha. c, saint Euzie. d, s'Aux Alauia. i, les Augustins. 13, l'Hospital de la peste. E, sainte croix. H, boulevart de sainte Croix. G, porte saint Iulien. En la crue de l'autre costé de la ville, sont 1, le petit conuent des Cordeliers. L, logis saint Germain. w, les Iacobins. X, les piliers de Tutele. K, chasteau Troupeite. Hors la ville sont. R, le bourg saint Seuerin. S, le palais Galiene. T, les Chartreus. V, la Bastide, de la riuiere de Garonne, qui la s'appelle Girende.

BREF DISCOVRS DE L'ANTIQVITE DE BOVRDEAVS.

A GVIENE, que les Grecs et Latins ont apllée Aquitania, a esté en diuers temps de diuerse estendue. Enuiron cinquante six ans deuant que IESVS CHRIST notre sauueur naquit, comme nous congnoissons par les memoires de Jule Cesar Dictateur, qui en ce temps là commança, la guerre en la Gaule, elle n'auoit de toute la Gaule, que celle petite portion. qui est encloze de la grand mer, des mons Pyrenées, qui diuisent la Gaule, et l'Espagne, et de la riuiere de Garonne, laquelle sort desdicts Pyrenées, et par Touloze, Agen, et Bourdeaus s'en coule en la grand' mer. Mais Cesar Octauian Auguste fils par adoption dudict Jule Cesar, et son successeur en la monarchie Romaine, l'eslargit iusques a la riuiere du Loire, quant il eut conquesté et pacifié toute la Gaule, et qu'il ordonna ses prouinces, et y mit des gouuerneurs. Ainsi nous la escript le geographe Strabõ. Le nom de Guiene n'a iamais passé outre, que ie sache, ains s'est touiours tenu ainsi enfer-

A

mé, entre le Loire, les mons Cemmeins ou Cebe-
ins, les mons Pyrenées, et la grand mer: et telle a
esté maintenue, tant que les Rommains ont esté
maistres de la Gaule : mais les seigneurs, que
nous y auons eu depuis eus, ne se sont guere sou-
ciés de leur. ordonnance. Nous auons neu re-
tranché de cesté Guiene d'Auguste, premierement, tout ce, qui est entre la riuiere de Creuze,
qui passe au port de Pile, et celle du Loire : puis
autres portions ça et là : comme le Roy Lois on-
ziesme fit au~~ceues~~ son frere Duc de Guiene,
que la Guiene ne comprenoit que ces trois Sene-
chaucées, c'est a sauoir de Bourdeaus , laquelle
porte le nom commun de toutes, et s'appelle la Se-
neschaucée de Guiene: de Bazadois, et des Lanes
ou Landes, comme Froissart appelle ce païs là.

Ceste grande Guiene d'Auguste a esté diui-
zée autrement depuis, non par les Rois et seigneurs d'icelle, mais par les ministres et chefs de
l'Eglise, ainsi que les autres prouinces ont par eus
esté autrement departies pour meilleure ordonnance et police du fait de la religion. c'est qu'en
icelle ils ont constitué quatre metropoles ou uilles
metropolitaines, comme nous les appellons com-
munemēt. METROPOLIS signifie mere uil-
le: duquel nom les Gregeois appelloient les uilles,

qui eſtoient principales entre les uilles des païs:
mais ſelon l'ordonnance de noz antiens peres et
eueſques, nous appellons ~~nous~~ auiourd'hui metropole la uille, laquelle a ung eueſque, qui eſt A R-
C H E V E S Q V E, c'eſt adire, principal et premier eueſque, et comme chef entre les eueſques du
païs, et ſoubs lequel ſe ſoubmettēt les autres eueſques, encores que ce ne ſoit la meilleure uille du
païs. Comme, Sens a eſté eſtablie uille metropolitaine: et ſon eueſque ſ'appelle Archeueſque: ſoubs
lequel ſont les eueſques d'Auſſerre, de Meaus,
d'Orleans, de Paris, et quelques autres. Et les
uilles ici qui eſtoient ſiege d'eueſque ou archeueſque, ils les ont nōmees uilles et Cités, entēdant mettre telle differance entre ces deus noms, que toute
cité ſoit uille, et non toute uille cité. Comme que
Bourdeaus, et Saintes ſoient cités et uilles, auſ-
quels lieus y a archeueſque et eueſque: mais la
Rochelle, Pons, Blaie, et Libourne, ou n'i a ſiege
ni d'archeueſque ni d'eueſque, qu'elles ſoient uilles ſeulement. Voila, comment les Perigourdins,
de leur uille departie en deus uilles, diſtant l'une
de l'autre plus de cent pas, ſi i'ay bien eſmé, ils appellent cité, la uieille uille, et ou ſe tient l'eueſque:
mais l'autre partie, ils l'appellent ſeulement uille. P A R I S auſſi pour ceſte raiſon, eſt appellé uil-

le et cité appellans mefmement les Parifiens cité celle partie de Paris, ou et l'eglize catedrale de notre dame, et la demourance de leur euefque.

On a donque entierement diuizé cefte grande Guiene en quatre pars, par quatre metropoles : qui font Auchs, Bourdéaus, Tours, et Bourges : toutefois a la prouince d'Auchs, ils luy ont baillé ung autre nom que de Guiene : et la cité de Tours, ils l'ont comme tranfportée dela la riuiere du Loire en la Gaule Liõnoize : et ne font demourés en la Guiene que deus defdites uilles metropolitaines, Bourges et Bourdeaus. Et departãt ainfi la Guiene en deus prouinces, ils ont appellé l'une A-QVITANICA PRIMA, et lautre AQVI-TANICA SECVNDA, la premiere prouince Aquitanique, ou eft la uille de Bourges : et la feconde Aquitanique, ou eft Bourdeaus.

Ces chofes premierement ainfi repaffees pour fere, que plus aifement foit entendu, que c'eft que Bourdeaus, de l'antiquité duquel nous auons entreprins de faire recerche, nous commancerons a difcourir de luy en cefte forte.

Bourdeauf, que les Gres et Latins appellèt BVR-DIGALA, et Bourdeu le uieil langage Gafcon Bourdelois, eft une uille et cité, uille metropolitaine de la feconde Aquitanique, affife fur le bort,

de la riuiere de Garonne, lequel regarde l'Espagne et l'occident, a neuf ou dix lieus de la grand'
mer par le droit chemin au plus pres. Nous l'appellons premierement uille, comme tous autres tels
lieus enclos de murailles. puis cité, pource que
c'est siege d'euesque. puis uille metropolitaine, a
cause que l'euesque de Bourdeaus est Archeuesque, et a soubs luy les euesques de Saintes, Poitiers, Lusson, Maillezai, Engoulesme, Perigeus,
Sarlat, Condon et Agen. De la secōde prouince de
Guiene, pource que non seulement l'antien rolle
des prouinces, mais aussi Sidoine euesque d'Au-
uergue il y a plus de mille ans, nomment Bourges
pour metropole en la premiere Aquitanique, et
Bourdeaus en la seconde. Lesquels titres de Prima
dont est uenu PRIMATVS et la primace. dont
et de secunda, ont finalemēt engendré ung procés entre l'archeuesque de Bourdeaus et cellui de Bourges intenté en court de Romme, il y a plus de trois
cens ans, cōme i'ay apprins aus premier et second
liures des Decretales: et encore là pendāt au croc.
Finalement nous auons dit assise sur la Garōne,
et ce qui s'ensuit: qu'on uoit a l'oeil: et parce ne
faut autre declaration de cela. Lequel lieu de
l'assiete de Bourdeaus Strabō dit, que c'estoit palu et marest antienement, que là faisoit la riuiere,

et remplissoit d'eau, quant elle regorgoit a son montant et plaine mer. Dont on peut penser, qu'il n'estoit aisé en ce temps là d'approcher de Bourdeaus. Depuis on a petit a petit rempli ce marest de bourriers, et deliures de la uille, et ensemble de caillou, sable, et toute telle matiere, de quoy on laste les nauires, qui uienent uides a Bourdeaus. Parquoy pour le iourd'hui on ne reconnoist autour de Bourdeaus le palu que dit Strabon: et n'i a plus de marests, sinon que soit derriere le chasteau du HA, qu'on diroit du Fa en François : mais ce marest là ne se fait du refoulemēt de la Garonne, ains seulement des sourdis et fontaines, qui sont en ce quartier là.

Ceste uille, de laquelle Ausone n'eust tant loué la situätion, s'il eust esté d'ailleurs, ne fut pas autrement assise en lieu trop fertile. car outre les uignes, dont y a abondance, et de là force uins et bons, autour de Bourdeaus y a plus dequoi nourrir le bestail, que les hommes. mais rien ne peut manquer au lieu, qui a mer et riuieres a commandement. Bourdeaus, comme nous auons dit, est assis sur le bord de la riuiere de Garonne, si bien qu'en plusieurs endrois l'eau uiēt battre iusques cōtre les murailles, et en aucuns lieus elle entre dedans a la plaine mer. Elle est là fort belle, large et

profonde, et ua et uient comme la mer. Deuant
l'Abbaie de fainte Crois, qui eft la premiere corne, qu'elle rancôtre en defcendant deuers Toulouze, du croiffant et arc, que fait la uille le long de
fon bort, elle a deus mille et cent piés de large, qui
font trois cens cinquante braces ou toizes, a fix
piés pour brace: et par defoubs l'autre corne, au
deuãt des Chartreus, elle n'a moins de cinq cẽs cin
quante braces. Quant eft de la profondeur, combien qu'au defcendant elle perde beaucoup: tou-
fois elle a toufiours fon plus grand canal affés large et plaĩ pour les nauires, Et quãt il fe trouueroit
quelque nauire ung peu grandet, qui auroit faute
d'eau en baffe marée : il ne luy faudroit beaucoup
attendre, qu'elle luy foubreroit. car dedans quatre
ou cinq heures il l'auroit hauffée de dix ou douze
piés. Parquoi il ne fe uôit guere de nauires fi grãs
en la grand mer, qui ne puiffent monter iufques
deuant Bourdeaus : qui eft par le traiĉt de la riuiere a dixhuit lieus de la mer. Plus haut que
Bourdeaus n'ont accouftumé de monter grands
nauires : mais force petits bateaus et moiens le
font, et mefmes de longs et larges uaiffeaus qu'ils
appellent Couraus, montent iufques a Toulouze:
qui eft trente deus lieus, comme on compte, et
comme on mefure les lieus en Gafcongne, au def-

sus de Bourdeaus. Dedans ceste riuiere descent
la Dordongne, et plusieurs autres belles et bonnes
riuieres, qui uiennent de diuers quartiers et pôr-
tent bateaus : de maniere que ie ne feray ici le re-
tif de dire, que Bourdeaus est assis sur une tant belle et aisée riuiere, par laquelle il peut tant a plaisir se pourmener, aller et trafiquer. d'une part et
d'autre, qu'il ne tient qu'a luy, que ce ne soit une
des plus riches et fleurissantes uilles de la Gaule.
Mais reprenons notre propos.

Il y a à Bourdeaus trois choses entre autres
des restes du uieil temps, qui monstrent clerement
que c'est uille fort antiene, le Palais Tutele, le
Palais Galliene, et des murs, qui font ung quarré
au millieu de la uille. L'an mille cinq cens cinquante sept, qu'on cuidoit fortifier Bourdeaus, on
trouua en terre hors la uille aupres du bouleuart
de porte Düos, des fondemēs de bains et estuues:
mais cela est caché, et ne se peut uoir ni autrement reconnoistre.

Ce qu'ils appellent Palais TVTELE, qui
pour le iourd'hui est en la uille, mais antienement estoit hors d'icelle, toutefois presque sur le
bort du fossé, qui regardoit le septentrion, et assés
pres de la riuiere: est ung bastiment de pierre, quarré longuet, d'enuiron huitante six piés de long, et
soixante

soixante trois de large, sans couuerture uouté
par le bas de façon plate a l'antique aiant eu autrefois huit piliers ou colonnes canelées, en sa
longeur, de chaque costé, et six en largeur de chaque bout: qui faisoient le nombre de uingt et quatre colonnes en tout le quarré: desquelles y a encores dixhuit de bout pour le iourd'hui. Tout le
monde, qui uoit cela, est en esmoy de sauoir, que
ce peut auoir esté: et n'i a personné, qui en puiße
rien asseurer. Tutela est mot latin signifiant garde et defense. de là uient ung autre nom Tute-
laris, qui est adire de la garde et de la defense.
Noz pauures deuãciers, qui se forgeoient tant de
sortes de Dieus, ils en auoient entre autres qu'ils
appelloient DII TVTELARES, c'est adire,
Dieus de la garde: et de ce nom appelloient ceus
là mesmement, lesquels ils tenoient, reueroient
et adoroient pour la garde de leurs uilles. Pource
donques qu'on appelle ceci le Palais Tutele, aucuns ont uoulu deuiner, que c'estoit là le temple
du Dieu tutelaire de la uille de Bourdeaus, c'est
adire de celui Dieu, qui auoit Bourdeaus en garde. Ce fin homme et sauant clerc, qui depuis
deus ou trois cens ans en ça, nous a uoulu faire
accroire, que le bon empereur Rommain Vespasi-
an, auoit esté deuant Jesuchrist, et auoit eu ung

B

fils appellé CENEBRVN : lequel il auoit coronné Roy de Bourdeaus, appelle ceci, non Tutele par t mais Tudele par d. a tout le moins l'ay ie ainſi leu eſcrit en ſon beau fils de liure. Jl l'appelle auſſi, comme auſſi font pluſieurs a Bourdeaus pour le iourd'hui, PILARS ou PILAS, qui eſt adire piliers, pour raiſon des piliers et colonnes qui ſ'i uoient. Et dit, que ce fut iadis ung temple du dieu auquel ces pauures gens là donnoient la garde de leurs iardins et uergers.

Autres ont uoulu deuiner autre choſe, que i'aime autãt taire, a cauſe qu'en telles diuinatinos n'i a rien d'aſſeuré. J'ay ueu quelques reliques de ſemblable antiquité a Eure, uille de Portugal, laquelle les antiens geographes appellent Ebora et Ebura: mais auſſi peu m'ont ſeu dire les Portugalois, a quoy cela auoit ſerui autrefois : que meſmes ne le m'ont peu nommer de nom aucun.

Le Palais Galiene fut iadis ung bel amphithetre, a quatre cens pas de la uille, de ce temps là. Jl y auoit ſix murailles, l'une au tour de l'autre, faites de ſemblable matiere et ordonnance, que les murailles de la uieille uille: deſquelles celle de dehors eſt encores la plus haute, et de là uienent les autres en ſ'abbaiſſant peu a peu iuſques a la derniere du dedans. Entre leſquelles deux y a en-

uiron de huitante fix piés. Jl y a deux portes,
une de chaque bout, par ou eft la longueur de
l'amphitheatre, laquelle longueur par la place de
dedans, a deus cens uingt quatre piés : la largeur
prinfe par le milieu de ladite longueur, cent quarente quatre, ainfi que les amphitheatres fe faifoient de forme d'œuf antienement. Ceft edifice
ici tant bien feneftré, a prou donné a fonger aus
gens : et f'eft finalement trouué un habile homme, qui en a fait ung beau côpte que ie ferois bien
marri d'auoir ici compté. J'efcriroye plus toft, qu'il
euft efté ainfi appellé du nom de Gallenus, que
de quelque femme Galliena. Romme auoit ung
empereur nommé Gallienus l'an de JESUS-
CHRIST deus cens cinquäte fept : au quel têps
les Romains eftoient encores maiftres en la Gaule : et le lieutenant de l'empereur en la Guiene,
eftoit ung fenateur Romain nommé TETRI-
QVE. lequel gouuerneur de la Guiene fut en
fon abfence efleu empereur par les gendarmes, qui
ne pouuoient plus fupporter la diffoluë uie de leur
empereur Gallienus : et le contreindrent de prendre le manteau d'efcarlate en la uille de Bourdeaus, et fe porter pour empereur, ainfi qu'efcrit
Eutrope. Je penferoie, di-ie, pluftoft, que ceft
amphitheatre euft efté bafti foubs l'empire de

Gallien : et qu'on lui euſt de là baillé tel nom.

Ces murs quarrés, ſont uieilles murailles de uille : mais ni ces murs ici, ni les ſuſdits aſſés improprement appellés palais de Galiene et Tutele, ne parlent point, pour ſauoir d'eus en quel temps ils ont eſté ainſi droiſſés. Il n'i a rien eſcript, non pas une ſeule petite letre en tout cela, de ſorte que qui uoudra ſauoir de l'antiquité de Bourdeaus, il eſt beſoin, qu'il ſ'adroiſſe aux uieus aucteurs Gregeois et Latins, ſi dauanture quelqu'un en a fait mention. Or ie ne ſai ſi quelqu'un en ſait dauantage : mais quãt a moi, uoici en deus mots tout ce que ie puis depouſer de l'age de la dite uille.

BOVRDEAVS eſt pour le moins du tẽps, que JESVCHRIST naſquit au monde. Car Strabon parle de Bourdeaus : lequel aucteur Gregeois eſtoit, et compoſoit ſes liures de geographie du temps, que regnerent a Romme Auguſte et Tibere : et ſoubs Auguſte naſquit JESV-CHRIST, et ſouffrit mort ſoubs Tibere. Ce ſont mille cinq cens ſoixante quatre ans, que ie puis auiourd'hui aſſeurer, que Bourdeaus a ueſcu. Je ne doute point qu'il n'aie eſté quelque temps deuant Strabon, mais combien d'ans ? Qui peut ſauoir cela ? Quant a moy, ie n'ay autre aſſeurance, et ne me plais en coniectures et diuinations. C'est donques ce Strabon, qui est le plus antien aucteur que nous aions auiourd'hui, qui ait parlé de Bourdeaus, et qui en a plus dict, que nul de tous les antiens, encores qu'il n'en aie guere parlé. Nous auons mis dessus, ce qu'il dict de la situation de Bourdeaus : il dit dauantage, que ceus qui lors auoient Bourdeaus, s'appelloient BI-TVRIGES VIBISCI: que ces gens là estoient uenus, d'ailleurs et n'i auoit nation estrangere en la Guiene que ceus là: et n'estoient tributaires, cóme les Guienois. Il use ainsi là du uerbe, auoir, sans autrement dire clerement, si ces gens là a-uoient fondé Bourdeaus, ou non. Il ne dit aussi, (dont suis marri) de quel païs estoient sortis ces Berriuiers, et ainsi uenus en la Guiene: ni de quel-le Guiene il entendoit parler, de la grande que fit Auguste, ou de la petite, qui estoit deuant ses uictoires. Il y a d'autres Bituriges en la grand Guiene au pres de la riuiere du Loire, que nous appellons pour le iourd'hui Berriuiers, et Berri, et leur metropole Bourges, surnommés Cubi par les antiens geographes: desquels Berriuiers du Loi-re, une bóne compaignée auecque femmes et petis enfans pourroit auoir passé la Garonne, et s'estre emparés du lieu, ou est Bourdeaus, qu'elle au-roit trouué desert, comme ceste partie de la pre-

B iij

miere Guiene n'a efte habitée des premiers du païs, ou mefmes auiourd'hui y a prou de lieus mal cultiués. Mais telles diuinations font fort perilleufes, et parce les quitte uolontiers a Iehan le Maire, et a tels autres : qui font heureus a fonger fables de Paris, Tours, Poitiers, et autres de nos uilles, quant il ne fauent aucune uerité des fondateurs, et antiquité d'icelles. Ce que ie puis et auze moi ici affeurer par le tefmoignage de Strabon et Ptolemée, c'eft feulement, que les premiers habitans de la uille de Bourdeaus, dont il foit memoire, f'appelloient Bituriges, comme ceus qu'appellons auiourd'hui Berriuiers : et V I V I - S C I, pour la difference des autres, qui font furnommés Cubi. Ces deus noms, di-ie, des antiens Bourdelois fe trouuent en Strabon, et Ptolemée. Ils fe trouuent femblablemēt efcris en des marbres et pierres, qui font reftées de l'antieneté iufques auiourd'hui en la uille de Bourdeaus. Vous aués une pierre de marbre gris en le Chafteau de Troupeite, que i'aduifay plantée là dedans au coing d'une eftable, il y a enuiron douze ans : et priai le Capitaine, que pour l'amour de la uille de Bourdeaus, et reuerance de l'antiquité, il ne laiffaft là gafter cefte pierre, ains la fift ofter, et efleuer fur quelque mur en ueuë de tout le monde : ce

que uolontiers me promit faire, et le fit, comme lon
m'a dit. En ce marbre donques i a escript, ce qui
s'ensuit, en autant de letres.

AVGVSTO   SACRVM
ET GENIO CVITATIS
BIT ▲ VIV

Là ou ce BIT ▲ VIV, sont les deus noms
qu'auons dit des antiens Bourdelois. Ung pra-
ticien faisoit bastir au printeps dernier, pres le puis
de rue du Loup : et prenoit de la pierre au font
des uieus murs, qui sont derriere sa maison : entre lesquelles une se trouua qui auoit telle escri-
ture.

IVL.   LVPVS   C.
BITVRIX   VR
D. E. ANN. XXXV.
FILEIVS P. C.

Là semblablement estoient, en mon aduis, les
deus sudits antiens noms des Bourdelois, si
celui duquel i'ay eu cest epitaphe, eust seu re-

connoiſtre le ſecond, Robert Bagrin Architecte de
la uille de Bourdeaus : qui paſſant ung iour par
ladicte rue, aduiſa de fortune ceſte piere eſcritte :
et contrefit ſoudain l'eſcriture pour la me mon-
ſtrer : mais il ne luy ſouuint de moy par quelques
iours apres : et ce pendant la pierre fut retaillée,
et miſe en œuure, deuant que la peuſſe uoir. Il y
auoit donques là BITVRIX, le premier nom
des Bourdelois eſcrit tout au long : et apres lui,
VR comme m'a uoulu aſſeurer ledit Architecte :
là ou ie penſe, que i'euſſe trouué VB, B pour R, ſi
i'euſſe peu uoir ceſte eſcriture en ſa pierre, pour
dire VBISCVS, comme en l'hiſtoire naturelle
de Pline y a imprimé Bituriges Vbiſci : ou VIB,
pour VIBISCVS, et VBISCVS ainſi que ce nõ
ſe trouue diuerſemẽt eſcrit. Car ceſt R eſtoit atta-
chée a l'V : et me doute, qu'ainſi la ſecõde iambe de l'V ſeruoit là de trois, ſauoir eſt de demi V,
de I, et du droit tret de B. Ainſi qu'on eſt entré
en la maiſon commune de la uille de Bourdeaus,
par deuant l'egliſe Saint Eleige, on uoit ung puis
dedans une muraille a main gauche, un peu par-
dela ce puis en meſme muraille i a une pierre, que
deſia long temps a, quelque ſtudieus d'antiquité
fit apporter de quelque part, et mettre là pour eſtre gardée en ueuë de tout le monde. Là i a quelque

que medaille d'un homme et d'une femme, que-
que ceſt epitaphe

```
        D    M
    TARQVINIAE  FASTI
  NAE.M.  CALVENT
  SABINIANVS   VIV
    SIBI ET CONIVG.
```

L'eſcripture eſt du tout telle, horſmis que le premier I du premier mot eſt en la premiere iambe
de l'N, eſtant ladite iambe eſleuée fort haut au
deſſus de ſa ranche. et que l'I du ſecond eſt plan-
té ſur le mileu du T : et que le T de la fin de la
ſeconde ranche eſt iuché ſur la prochaine iambe
de l'N, montant par ce moien ladicte ſeconde
iambe beaucoup plus haut que la premiere : et
qu'en la fin de la tierce ranche l'I ſurpaſſe de beaucoup en hauteur le premier V, et que le ſecond
V eſt de moitié plus court que le premier, et raſlé
tout bas aupres de ceſt I tant long. Ce VIV donques, que pourroit il ſignifier là, que VIVI-
SCVS comme en le ſuſdit marbre du chaſteau

C

Troupeite? Mais ie m'asseure, qu'auec le temps,
sortiront de desjoubs les uieus monumens de la uille prou de telles pierres: ou lon trouuerra non seulement ces mesmes noms des antiens Bourdelois,
mais aussi plusieurs autres antiquités de Bourdeaus.

Bituriges Viuisci s'appelloient donques antienement ceus, que nous appellons Bourdelois pour
le iourd'hui. Ceus ci ont prins leur nom de leur
uille, BOVRDELOIS, comme qui diroit Bour-
digalois, du nom de Burdigala, dont ie pense,
que nous auons aussi tiré le nom de Bourdeaus :
mais ces antiens là, il n'auoient, en mon aduis,
prins leur nom de leur uille, ains au contraire, me
douterois, que leur uille auroit prins son nom d'-
eus. Car en le commancement de ce nom Burdigala, il me semble, que lon peut comme sentir le
nom de Bituriges, comme si on auoit dit au commancement Biturigala : puis en raccourcissant ce
commancement Burdigala : et qu'en la seconde
partie dudit nom se uoit ung autre nom du pais,
dont seroit sorti ce peuple, qui est Gallus et Gaulois. Car GALLI et GALLIA s'appel-
loit proprement antiennement, non tout ce qui
est entre l'Alemagne, l'Italie et l'Espagne, mais
cela seulement, tesmoing Cesar en ses memoires,

qui eſt entre les riuieres de Garonne, Sene, et
Marne . et peut eſtre que ces Berruiers Uuiſ-
ques ſeroient uenus des Berruiers Coubes, comme
auons dit, qui ſont en ladite Gaule au pres du
Loire : et auroient de là compoſé le nom de leur
uille, c'eſt adire de leur propre nom Bituriges, et
du nom commun de toute la prouince Gallus ou
Gallia. Si ie prenois plaiſir a deuiner, i'aimerois
mieus donner telle raiſon du nom de Burdigala,
que de cercher la Bourde et la Iale, deus petites
riuerotes, entre leſquelles Bourdeaus eſt aſſis, aupres de l'une, et a une lieue et demie de l'autre,
pour baſtir Burdigala : ni que dire, que le bord et
les eaus de la Garonne ont compoſé le nom de
Bourdeaus : qui ne ſont rien que gaillardiſes d'-
eſprit. Il i a eu depuis cent ans en ça ung Italien,
qui a trouué une bien plus gaillarde et fine etymologie de Burdigala : mais ie ſuis d'auis qu'ung
Iuif nous die l'etymologie de Ieruſalem, ung Grec
de Tripoli, et ung Aleman de Straſbourg.
Nous auons donques dit, que trois antiés aucteurs auoient fait mention des Berruiers Uui-
ſques, qui ſont Strabon homme Grec, Pline Latin, et Ptolemée auſſi Grec : et auons apporté
tout ce, qu'en dit Strabon, Pline ne fait que les
nõmer, horſmis qu'en paſſant il les appelle frãcs,

côme Strabon a dit, qu'ils ne payoient tribut comme les Guiennois. Mais pource qu'il i a eu quelques corrigears, qui ont gasté Pline en cest endroit, ie m'en uai ici mettre, comment il faut, qu'on lise en ce lieu là du chapitre dixneufiesme (si Pline a iamais fait ces chapitres là) du liure quatriesme de l'histoire naturele. Aquitanicæ sunt Ambulatre, Anagnutes, Pictones, Santones Liberi, Bituriges Liberi cognomine Vbisci, Aquitani, et c.

Mais Ptolemée au second liure de la geographie, nous les fait plus grans seigneurs que Pline ni Strabon. Car il leur baille une autre uille auecque Bourdeaus, laquelle il nomme NOVIOMAGOS en son Gregeois : et la met plus uers l'occidant et Septentrion, qu'il ne fait Bourdeaus. Jl y a eu plusieurs uilles de ce nom en la Gaule. Ausone en sa moselle, parle d'une, qui estoit entre Trier et Sauerne. Eguinhard en la uie de Charlemagne parle d'une autre du païs de Brabant. Ceste ici estoit en Medouc uers SOVLAC : qui est ung assés beau bourg en la pointe de Medouc, que font la grand' mer et la Garonne entrant en la mer : mais on ne la trouue aucunement pour le iourd'hui, soit, ou que la terre, a quelque tremblement, l'aie engloutie. Ce qui est autrefois aduenu a de grandes et belles uilles, ainſi que uous comptera Pline. Il y a en ce quartier là de Medouc ung grand lac, ou lon dit, qu'il ſe uoit des muralles, quant quelque eſté ſe porte ung peu ſec, et que les eaus ſont baſſes, ou que quelque guerre l'aie raſée : ou que la grand' mer ou Garonne l'aie noiée. Car on trouue bien adire auiourd'hui en ce quartier là liſle d'AN-TROS, de laquelle fait mention le geographe Pompoine Mele. ou finalement que les ſables l'aient couuerte, comme tout ce païs là eſt fort ſablonneus, et la mer ne fait que uomir ſable : lequel ſeché et mené par le uent, fait de merueilleuſes montagnes, et encombre non ſeulement les maiſons, mais auſſi les plus hauts cheſnes et pins du païs. Dont les Medouquins comptent comme pour quelques grans merueilles, que leurs lieures ſont non ſeulement ſi hardis, qu'ils courent apres les leuriers, mais auſſi tant legers, que les diriés uoler, plus toſt que courir par ces grans ſables : et ſ'il leur deplaiſt de ſe paiſtre a couuert au pié des arbres, qu'ils montent a la ſime, et meſme giſent là. Il y a uingt ans, que me pourmenant aueque des amis le long de la coſte de Santonge, qui eſt de l'autre coſté de la Garône, ie uis entre autres choſes en Aruert, qui eſt fort bon païs, et terre fertile, mais a cauſe, qu'il n'eſt bordé de quelques

bons rochers, pour le defendre des uagues. la mer
le mange petit a petit, et auecque l'aide de ſon
uent, le couure tout de ſable : ie ui, di ie une foreſt
deſia une bonne partie couuerte de ſables, de ſorte
que nos cheuaus montoient ſans grand poine auſſi
bien que les lieures de Medouc, uſque a la ſime
des plus haus cheſnes : et uiſmes auſſi plus pres
de la mer au milieu de ces grandes montagnes de
ſable, des maiſons, que les gens du païs n'auoient
onques ueües, que depuis peu de iours, ni oui parler d'elles, leſquelles ſe decouuroient peu a peu,
ainſi que ce ſable marche auant, et gagne païs:
et approchant plus pres pour mieus connoiſtre ces
choſes, arriuaſmes a la ſime d'ung mont, qui de
loing nous decouuroit, comme quelque clocher.
là ou nous trouuaſmes une egliſe, ou pour mieus
dire, les murailles d'une egliſe : dedans la quelle il
nous fut aiſé d'entrer par là, ou auoit autrefois
eſté le toit. Ainſi ſe pourroit fere, que quelque
iour ſe decouuriroit la uille de nos Berruiers Ui-
uiſques, la quelle nous trouuons auiourd'hui adire en Medouc.   C'eſt tout ce, que ie puis dire
pour le preſent des fondateurs, ou, que ie ne fail-
le, des premiers habitans de Bourdeaus, dont il
ſoit memoire. Uoions ung peu ſi ne ſaurions re-
connoiſtre leur uille. Car Bourdeaus ſ'eſt bien

defguifé depuis ce temps là, et en figure, et en
grandeur.

Aufone Berruier Viuifque, ou, pour ufer du
nom d'auiourd'hui, Bourdelois, et enfant de
Bourdeaus, quant il parle de fa uille, au liure
qu'il a fait des uilles les plus renommées de fon
temps, dit, qu'elle eftoit petite et quarrée, auoit
de belles et hautes tours. La quelle defcription
conuient fi bien aus uieilles murailles de uille,
dont auons parlé ci deffus, que ie ne fais nul
doute, que ce ne foient celles de la uille du temps
d'Aufone. la matiere de ces murs là et la façon
font diuerfes des murailles qu'on fait a prefent, et
qu'on a fait, en mon aduis, depuis mille ans en
ça. les fondemens font de pierre de taille, la plus
part : là ou il f'en trouue de fi longs et gros quartiers, qu'on f'eftonne, comment on les a là pu a-
mener de loing. Le refte eft de petite pierre du-
re, fort iuftement efquarrée, et affembiée : et
entre plufieurs couches de telle pierre, aucuns
rancs de briques mout belle, de deus ou trois dois
d'efpoiffeur, et fort longue et large : le tout fi iuftement compaffé, et niuellé que ni fauriés, que
reprandre, ains trouuerriés prou d'occafion de
uous efmerueiller du fauoir, efprit, grand foin, et
trauail de noz antiens. De pareille matiere et

structure ſe uoient encores auiourd'hui prou dc
demourans de murailles de ce uieil temps là par la
Gaule et ailleurs. Il me ſouuient en auoir ueu a
Eure en Portugal : mais ſans ſortir de noſtre roiaume, uous en trouuerrés a Baionne, Acs, Saintes, Poitiers, Tours et Paris. Je di a Paris au
logis qu'on appelle de Cluni pres la rue de la har-
pe. De ceſt antien Bourdeaus donque quarré, non
uraiement quarré, comme la Babylon de la Roine
Semiramis, mais quarré longuet, c'eſt adire,
quelque peu plus long que large, ie recognois ung
bout par des reliques de muraille de telle matiere
et façon que uenons de dire, qui commance derriere l'egliſe Saint André, aſſis pres de l'abbreuoir
du Peaugne, et paſſant par la maiſon de l'archeueſque, tire droit a une tour ronde de ſemblable
façon : laquelle ſe monſtre outre porte Dijoſ,
quaſi au droit du bourg de Saint Seuerin, et deuant les petits Cordeliers. Cela eſtoit la largeur
de la uille. ung coſté de la longeur ſe reconnoiſt
aſſés par ce qui reſte de uieille muraille dés ceſte
tour ici, iuſques pres la riuiere, par le logis, qui
fut du ſeigneur de Duras, par Puiſpaulin, et
Saint Remis. Jouxte la riuiere eſtoit l'autre bout
de la uille, là ou ie n'ay aduiſé aucuns demou
rans de ceſte antiquité. A la place du palais,
                                        commançoit

commãçoit l'autre cofté. paffoit par ce palais et la maifon du feigneur de Lanfac:là ou fe monftrent encores quelques lopins du uieil mur:et tiroit de là le long du Peaugue, qui couloit par le foffé de la uille, iufque au lieu què uenons de dire derriere Saint André . Jci n'i a faute de bonnes enfeignes de ce que dis, grand' partie de l'antien mur encore entier et debout, d'enuiron douze piés de largeur, et trente de hauteur : et en icellui deus portes de uille entieres.

Voila donques de uieilles murailles d'une petite uille de figure quarrée telle, qu'Aufone paint fon Bourdeaus : mais toutefois il y a a douter, fi cela eft le premier Bourdeaus : et fi c'eft il, a fauoir, fi ces murailles ici font les premieres murailles de ladite uille, car aus fondemens de ces uieus murs fe trouue grand' quantité de pierres ouurées, qui ont iadis ferui a temples et edifices:des pierres de colonnes canelées et d'autre forte, medailles en pierre, images, epitaphes, et infcriptions de letre et langage latin, et non d'autre : et en telles efcriptures le nom des antiens habitans de ladite uille, comme nous auons monftré deuant. Par lefquelles reliques d'antiquité femble, que cela ne font les premieres murailles de Bourdeaus, ains qu'il a efté quelque fois ruiné.

D

et que ces murs ici ont esté faits de ces ruines là.
D'auantage, que lesdits murs ne sont de trop
grande antiquité. Car les Guienois auoient ung
autre langage que le latin : et n'ont comme ie
pense, parlé Roman (ainsi auons appellé le latin)
que depuis la Guiene conquestée par Auguste.
Que si cela sont les premiers murs de Bourdeaus,
ie penserois dire de lui comme nous lisons de
Sparte, uille de Grece : Que Bourdeaus n'auroit
esté fermé de murailles du commancement : et
que les Bourdelois, ainsi que les antiens Lacede-
moniens, auroient estimé, que pour la garde et defense d'une uille, ne faut autres murailles, qu'-
hommes uaillans. Cela dis-ie, que ie uoi pour le
iourd'hui se trouuer aus fondemens des uieus
murs quarrés, qu'Ausone baille a sa uille, nous
fait douter de l'antieneté desdites murailles : et
ne pouuons pour ceste heure asseurer, que Bourdeaus soit uille murée de guere plus long temps,
que de cellui de son Ausone : qui descriuoit ainsi
sa uille enuiron quatre cens ans apres la natiuité
de JESVSCHRIST.

    Quant est des portes de cest antien Bour-
deaus. ie n'en reconnois que deus ou trois : toutefois par ce peu qu' Ausone en touche, et que i'en
puis uoir, il y en auoit dix pour le moins, deus de

chaque bout, et trois de chaque cofté. Les deus
du bout, qui tire de Saint André a la tour fufdite,
eftoient, en mon aduis, l'une aupres le coũuent
Sainte Claire, et l'ofmonerie: et l'autre au deuant
de porte Dijof, qu'on appelle autrement la porte
de Saint Seuerin. Et penferois de ce nom de DI-
IOS, fi c'eft adire Dij Jouis, comme aucuns le
ueulent prendre, que ce auroit efté le nom de l'antiene porte, que cefte nouuelle fa uoifine auroit
prins et retenu. Les rues de ces portes ici f'en uont
droit a la riuiere: là ou celles rancontroient chacu-
ne fa porte, felon ce, qu'en dit Aufone. Les
trois du cofté, que regarde le midi font, l'une, qui
eft encores entiere aupres les efcholes de Lois: qui
a fa rue eftendue droit iufques a Puifpaulin : là
ou y auoit porte. l'autre aufii entiere, aupres du
marché, entre les boutiques des apoticaires appellée pour le iourd'hui porte DEGVEIRE : la
rue de laquelle tiroit droit de là iufques a Saint
Remis : là ou aufii y auoit porte. la tierce eft entre
ces deus ici : mais elle n'eft antiene comme les autres. Elle a efté refaite depuis peu de tẽps. Cefte ici
refpondoit par rue droite a la porte, qui eftoit en
la muraille deuant porte Medouque. La quelle
porte, qui a prins ce nom du païs de Medouc,
qui eft uers ce quartier là, eft une feconde porte

de uille, comme porte de bouleuart, baſti là depuis quelque temps : a laquelle l'on dit l'attollite
portas le iour des Rameaus, quant la proceſſion
ſ'en retourne de la corderie a Saint André, choſe retenue de l'antiquité, et qui ſe commança fere
deuant qu'on euſt creu la uille de celle part.

Bourdeaus eſtoit donques quarré, et ſes portes aſſiſes l'une en ueuë de l'autre, et les rues diſ-
poſées droit d'une porte a autre, comme eſcript
Auſone, et parce moien ſe croiſoient par dedans
la uille a angle quarré l'une l'autre : qui eſt ſigne
euidant, que Bourdeaus n'a eſté quelque petite
maiſonnete, et uillage du commancement : puis
bourg de maiſons mal ordonnées : puis uille, comme il a eſté de Romme, et de la plus grand' part
des autres uilles : ains que de beau comancement
ç'a eſté une uille, poſée en une place fort bien partie, et tracée, deuant qu'i mettre pierre : quicon-
que l'aie fondée. Que ſ'il ſe uoit auiourd'hui
quelque cas en ce uieil Bourdeaus autrement
conduit, qu'au cordeau et a l'eſquerre : il ne ſ'en
faut eſmerueiller. Car la pauure uille n'a eſté
exempte de beaucoup de tempeſtes non plus que
les autres. Je ne penſe, que ni Jule Ceſar, ni ſes
lieutenants, ſoient onques uenus iuſques a Bourdeaus du téps, qu'il guerroioit noſtre Gaule : mais

ie ne ſai, comment ſe gouuernerent les Bourdelois, quant Marc Agrippe, et Marc Valere,
Meſſalle, conquirent ceſte baſſe et derniere,
Guiene, ſoubs l'empereur Octauian Auguſte,
comme uous diront le poete Tibulle, et l'hiſtorien
Eutrope. J'ay paour, que les Vendaus, et ung
tas d'autres brigans, uenus de dela le Rin, qui
exilloient la Gaule, enuiron l'an quatre cens et
dix, comme Proſper uous comptera, n'aient eſ-
pargné Bourdeaus : mais les Sarraſins, et Nor-
mans, l'ont bruſlé. Apres leſquelles uimeres, et
autres ſemblables, ie croi bien, que ceus de la
uille, qui ont eſchappé en quelque ſorte, que ce
ſoit, et des eſtrangers auſſi quelcuns, qui ſe ſe-
ront uoulu loger en les ruines de Bourdeaus, n'au-
ront pas prins grand' garde a la premiere diſpoſi-
tion des rues et quartiers de la uille, ains ung cha-
cun y aura baſti a ſa diſcretion ſans eſtre remon-
ſtré, ni empeſché de priué, ni de magiſtrat : ainſi
qu'il aduint a Romme, apres que les Gaulois
l'eurent bruſlée, comme fait mention Corneille
Tacite au quinzieſme liure.

Par telles occaſions peut Bourdeaus auoir
eſté difformé : qui en ſon premier age eſtoit petite
uille, mais belle a uoir, de figure iolie, et bien a-
maſſée : aſſiſe en ung mareſt, et aiant d'une part

D iij

la belle grand' riuiere, comme une mer. et des
autres trois, les foſſés de telle largeur, que pouués
connoiſtre a la rue du Chapeau rouge. Car toute
ceſte large rue, et ou ſont les maiſons prochaines
du coſté deuers midi, n'eſtoit que foſſé de uille
antienement, dont elle porte encore le nom : et de
telle profondeur que pouués penſer pour ſa defen-
ſe, et pour mener bateau tout autour d'icelle : et
tellement murée, et garmie de hautes et fortes
tours le long des murailles : que Bourdeaus en ce
temps là ſe pouuoit mettre au nombre des uilles
imprenables.

    A Bourdeaus pour lors y auoit deus choſes,
a tout le moins Auſone en parle, qui ne ſ'y trouuent pour le iourd'hui, ſauoir eſt une eau de fontaines, qui paſſoit par le milieu de la uille : et une
meruilleuſement belle et bonne fontaine. Toutefois quant eſt de ceſté eau paſſant par le milieu de
la uille, ie ne fais nul doute, que ce ne ſoit ce, que
lon appelle auiourd'hui la DIVICE, et que i'ay
ueu appeller la Diuicia en des uieus inſtrumens de
langage Gaſcon Bourdelois. C'eſt une petite
eau, qui uient de dehors la uille : entre par deſ-
ſoubs la muraille derriere l'oſmonerie de Saint
André, et uient ſortir en la Garonne derriere l'e-
gliſe ſaint Pierre. Elle paſſe la plus part de ſon

chemin par ung efgout uouté , et par foubs rue:
mais antienement i'entens que toutes, ou pour le
moins une grand' partie de ces eaus de fontaines,
qui font derriere le chaft au du Ha et le iardin
de l'archeuefque, entroient en la uille, et paf-
foient par cefte Diuice a plus large canal, et def-
couuert, de forte qu' a la plaine mer, les petis bateaus, et peut eftre auffi de bien grans uaiffeaus,
entroient par là de la Garonne dedans la uille:
comme depuis ils ont fait en la premiere creuë de
la uille par le Peaugne, entre deus tours qu'on
uoit a l'entrée dudit Peaugne en la Garonne:
mais laquelle entrée, et toute autres, ont efté
condannées depuis quelque temps. Il n'y a plus
lieu par ou les bateaus entrent en Bourdeaus. Il
demeurent tous et petis et grans en la Garonne
deuant la uille. Mais la fontaine, il ne la faut
auiourd'hui cercher dedans la uille . Toutes les
eaues, qui y entrent, et y fourdent, font ou de la
Garonne, quant il y a plaine mer, ou des puis, ou
de la Diuice, ou du Peaugne, lequel fort des ma-
refts de derriere le chafteau du Ha, et entre en la
uille par foubs la muraille entre ledit chafteau et
la maifon de l'archeuefque, et f'en coule en la Garonne par ou y eut foffé de uille iadis, au long du
cofté de la uicille uille, lequel regarde le midi. Que

ſil y a des fontaines, comme pres Saint Eleige et
le Chappeau rouge, telles fontaines ſeroient puis,
et aſſés profonds, quand là n'i euſt eu foſſés :
aus fons deſquels elles ſe ſont trouuées, et auſ-
quelles on deſcĕd par longues eſchelles. Ceſte belle fontaine donques, dont Auſone fait ſi grand'
feſte, et qu'il a appellée non DVIONA, comme
on a imprimé en ſon liure : et que de ceſte corru-
ption on a penſé eſtre une lorde fontaine, qui eſt
pres le palais Galliene, ne ſeruant a autre choſe,
qu'a buées et cuirs : mais DIVONA, comme
i'ay trouué eſcript en ung fort antien liure, que
m'a ces iours enuoyé de Bourges ce bon et ſauant
docteur Jaque Cuias Toloſain, eſtoit une eau,
en mon aduis, qui uenoit de dehors la uille de pluſieurs ſources amaſſées a ung conduit. Duquel
encores auiourd'hui ſe trouue des reſtes par les
champs qui ſont uers la porte Saint Julien, et de
la part qu'eſt le chemin de Bazas et Tuloze.
En ce quartier là eſt, qu'ils appellent le SA-
BLOVNAT, c'eſt le lieu ou ils prenent le ſable
pour baſtir a Bourdeaus. Outre ce lieu là, y a
ung moulin a blé, appellé le Moulin des ARCS.
Outre ce moulin, ainſi qu'on eſt remonté de la
ualée : il me ſouuient que l'an mille cinq cens cinquante deus, me proumenant ung iour d'hiuer,
clair

et ſerain, et cerchant là de meilleur air, qu'il
n'eſt pas en la uille communement, ie rancontrai
tout au pres du chemin, de la part de l'occidant
ung uigneron, qui tiroit de terre, auecque grand'
poine, ung fondement d'antiene muraille. Il ne
me fut mal aiſé de ſoudain cognoiſtre, de quoy
pouuoit auoir autrefois ſerui ceſte muraille, par
la matiere, qui ſ'en tiroit. Bref ie rapportai de là
ung tuïau de terre cuite, rompu par les deus bouts,
et ſi auoit encores de longueur bien pres de pié et
demi. Son diametre eſtoit d'enuiron demi pié : du
quel ie fis preſent depuis a monſieur maiſtre Jo-
ſeph de la Chaſſagne cōſeiller du Roy en ſa court
de parlement a Bourdeaus, homme ſauant, et
grand admirateur d'antiquité. En m'en retour-
nant a la uille par meſme chemin, ainſi que fu
paſſé ce moulin, i'aduiſay en les uignes, qui ſont
ſur le couſtau a meſme main, ce moulin blanchir
comme de la muraille : que i'allai uoir : et trou-
uay, que c'eſtoit du meſme conduit. Et pource
qu'en ceſte ualée y auoit, des arcs, ou arceaus
pour conduire l'eau au niueau, ainſi que ces ſages
antiens ſauoient, qu'il faloit fere, pour auoir l'eau
bonne et ſaine : ie penſay, que ce moulin auoit
prins ſon nom de ces arcs. Dauantage, quelques
dix ans auparauant, comme l'on m'a compté, en

E

bechant a la porte sainte Eulaie, pour les fondemens de quelque bouleuart, qu'on uouloit fere là, on trouua en la terre ung conduit d'eau. Sans doute donques y auoit antienement en Bourdeaus une belle fontaine bien aornée de beau marbre, comme dit Ausone : laquelle fournissoit la uille de fort bonne eau et en abondance, non qui eust sa source en la uille, mais qui uenoit de dehors, et de bien loing de la uille, par le conduit que uenons de monstrer : mais les guerres ont pillé ce bel et grand thesor a la pouure uille, comme elles ont fait de pareils aus uilles de Saintes, Poitiers, Lion, et autres uilles tant de nostre Gaule que d'ailleurs. Car il n'y auoit guere bonne uille antienement, qui ne s'abbreuast de ceste sorte : et maintenant ou trouués uous de tels conduits d'eau ? A Eure, dont auons parlé ci dessus, y en auoit ung fort beau : que les Mores (ils appellent ainsi ceus, que nous appellons Sarra-zins) auoient abbatu : au moien de quoy la pauure uille enduroit grand' soif l'esté, qui ne pouuoit, tant la chose estoit de grand coust, a fere ung tel conduit sans aide d'ailleurs, laquelle le bon Roy Iehan le tiers, leur a de nostre temps prestée telle, que ce conduit a esté refet sur ses uieus fondemens, selon l'ordonnance antiene, si bien que prandriés auiourd'hui grand plaifir a uoir cefte œuure là eftendu en la campagne, et marchant par icelle de telle hauteur, qu'eftant la uille plus baffe, qui le pié de la montagne ou font les fontaines, cefte eau entre dedans Eure par deffus les murailles de la uille, et l'arrofe, laue, et abbreue a plaifir. Mais retournons a noftre antien Bourdeaus, et parlons ung peu de fa grandeur.

Aufone, qui la dit eftre quarré, a außi dit, qu'il eftoit petit. Or la mefure de telle figure eft fort aifée : et parce me fuis quelque fois efbatu a l'es harpenter. là ou i'ay trouué, qu'il n'auoit de fole plus de cent et quatre iournaus. I'appelle ici IOVRNAV ce, que les Latins appelloient IV-GERVM : et le fay de mefme mefure, que ces antiens là le faifoient, et ainfi, que le font ceus de la duché d'Engoumois, qui font tenanciers du duc, de uingt braces ou toizes de large, et quarente de long. Mais Bourdeaus d'aprefent, eft une des grand's uilles de France. Il eft trois fois plus grand que l'antien, en mon auis, mais de figure fort diuerfe, et parce beaucoup plus mal-aifé a harpenter. Ie n'ay eu encores le loifir de iuftement le mefurer : mais fi ie m'aufois fier au pourtrait, qui en fut fait il y a fept ou huit ans, par les architectes, qui furent appellés au confeil

E ij

de l'entreprinſe des fortifications de ladite uille:
auquel pourtrait, ie n' ai peu apperceuoir faute,
qui me ſemblaſt par trop lourde, ie dirois uolontiers, que Bourdeaus d'auiourd'hui, n' a moins de
quatre cens cinquante iournaus de plant : Ainſi
a beaucoup creu ceſte uille depuis Auſone. Sa premiere creuë a eſté du coſté de midi . On uoit encores ſa muraille des la porte des Salinieres par
Saint Eleige et la maiſon de la uille, ſe uenir ren-
dre aus eſcholes des lois. Son foſſé a eſté comblé:
et ſ'eſt là fait une fort belle et large rue : qui a retenu iuſques a auiourd'hui, le nom de foſſés. Jl y
a deus autres creuës : l'une au tour de ceſte premiere, et l'autre, de l'autre coſté de la uille, là
ou eſt le Palais Tetelle, le chaſteau Troupeite,
les Jacobins, et petits Cordeliers.

J'ay ce croi ie, iuſques ici, compté tout ce, que
i'ay onques peu apprendre des premiers ans de la
fondation, aſſie, et figure, et grandeur de la uille
de Bourdeaus. Auſone de Bourdeaus, comme
nous auons dit deuant, qui fait grand honneur a
ſon pais, tant a cauſe de ſon ſauoir et de ſes e-
ſcripts, que pour les grand honneurs, que luy ont
fait le empereurs Romains Valentinian, Gratian,
duquel il a eſté precepteur, Theodoſe, qui l'appelle ſon pere en quelques letres, que nous auons,

et autres de son temps, ne peut estre mort guere
plus tost ni plus tart, qu'enuiron l'an quatre cens
de nostre salut. Il dit sur la fin de ce, qu'il escript
de sa uille, qu'il auoit esté Consul de Romme et
de Bourdeaus. Duquel propos d'Ausone, et de
ce qu'auons dit dessus de ces Berruiers Viuisques,
qui auoient plusieurs uilles, ne faisoient homma-
ge, ni ne paioient tribut, ni aus Romains, ni a
autre seigneurie, il me semble, qu'on peut tirer,
que Bourdeaus estoit en ce temps là, une puis-
sante et sage republique, qui se sauoit tresbien
maintenir, uoire entre de plus puissans, qu'elle
n'estoit. De laquelle grandeur elle s'est sentie
assés long temps.

Ledit aucteur en ses Parentales fait mention
par nom et surnom, de presque toute sa race, de
son pere, de sa mere, de ses freres, seurs, oncles,
et autres : mais apres tous ceus là, il parle de plusieurs sauans personnages, qui ont tenu eschole, et
leu a Bourdeaus en son temps. Par lequel liure
d'Ausone on peut aussi connoistre de Bourdeaus, que ce n'estoit pas petite chose en ce temps
là, puis que toutes bonnes letres Greques et Latines y estoient entretenues et y fleurissoient de telle sorte. Duquel temps peut estre demouré ce ioli
distique Gregeois, que i'ay autrefois leu en une

pierre de marbre gris : qui eſt couchée au milieu
de la nef de l'egliſe de Saint André. C'eſt ung epitaphe d'une dame nommée L V C I L L E : laquelle eſtant deliurée de deus enfans, ie ne ſai de
quel ſexe, mourut auecque l'ung d'eus, et furent
enterrés enſemble la mere et l'enfant : et l'autre
ueſquit et demoura aueque le pere.

ΛΕΙΨΑΝΑ ΛΟΥΚΙΛΛΗC ΔΙΔΥΜΑΤΟΚΟΥ ΕΝΘΑΔΕ ΚΕΙΤΕ
ΗC ΜΕΜΕΡΙCτο ΒΡΕΦΗ ΖΩΟΝ ΠΑΤΡΙ ΘΑΤΕΡΟΝ ΑΤΤΗ

Que ſi quelqung doutoit ici de la foi d'Auſone,
et uouloit dire, qu'il euſt ung peu auancé pour le
loz de ſon païs : il n'eſt pas ſeul, qui a fait mention
de ces tant ſauants hommes. Cellui qu'il nomme
le premier T I B E R T V S V I C T O R M I -
N E R V I V S, enfant de Bourdeaus : lequel il dit
auoir eſté ung autre Quintilian en rhetorique,
auoir leu non ſeulement a Bourdeaus mais auſſi
a Romme et Conſtantinople, et auoir fait re-
nommer ces tant renommées uilles ici : Saint Hie-
roſme luy fait bien ceſt honneur de l'auoir renom-
mé aus chroniques a l'an de J E S V C H R I S T
trois cens cinquante neuf, de ceſte maniere : M I -
N E R V I V S Burdigalenſis rhetor, Romæ floren-
tiſſime docet. Il parle auſſi de A T T I V S P A -
T E R A : et dit, qu'il liſoit a Romme en grand'

estime l'an trois cens trente neuf. Il fait aussi mention de ALCIMVS et DELPHIDIVS a l'an trois cens soixante disant, qu'en ce temps là ils lisoient en Guiene, sans nommer la uille, aueque grand bruit. Duquel Delphide parle semblablement Ammian Marcellin au commancement du dixhuitiesme liure de son histoire, l'appellant aspre orateur et uehement, contant d'une matiere criminelle, qu'il plaida deuant l'empereur Julian, qui lors estoit en nostre Gaule, l'an trois cens soixante et deus.

Prosper le Guienois, et Sigebert, ont escript, qu'il fut tenu ung concile a Bourdeaus contre Priscillian, ung euesque d'Espagne, et l'erreur, qu'il tenoit : auquel assista Saint Martin euesque de Tours entre autres euesques : desquels et de leur concile, appella cest heretique par deuant l'empereur Maxime : uers lequel il se transporta. Qui le feit ouir a Trier, et punir de mort aueques plusieurs hommes et femmes de sa secte : du quel nombre fut EVCRATIE femme du Rhetoricie Delphide. Prosper escript, que cela fut l'an trois cens huitante huit : et qu'a Bourdeaus en mesme année une nommée VRBIQVE obstinée en l'erreur dudit Espagnol, fut par le peuple mise a mort a coups de pierres.

Jl i a ung Pontius Paulinus, auquel escript Aufone, et lui auſſi a Aufone, et a d'autres. Entre lefquels eſt ung AMANDVS : qui peut eſtre Amand euefque, qu'on a mis au nombre des Saints a Bourdeaus : et en font feſte le dix neufiefme de Juin. J'ay ueu gens qui tenoïet, que ce PAVLINVS eſtoit de Bourdeaus, et le Seigneur et fondateur de la uille de BOVRG, duquel parle Sidonius Appollinaris : et que la maifon de ces Paulins eſtoit, ou lon appelle PVIPAVLIN pour le iourd'hui a Bourdeaus.

Les GOTS, peuple deuers le feptentrion tenant l'opinion et herefie d'Arius, entrerent en Jtalie par le païs de Venife, mangré qu'en euſſent les Romains, l'an quatre cens et deus. Pour lefquels tirer de là tout doucement, les Romains leur baillerent et quitterent la Guiene aueque quelques uilles des prouinces prochaines de la Guiene. defquelles ie penfe, que fut la uille de Tolofe. Ils ont ainfi tenu la Guiene par l'efpace de nonante ans ou enuiron, iufques a ce, que les François les en ont chaffés. Sidoine donques euefque d'Auuergne fe plaint en l'epiſtre fiziefme du premier liure, que l'euefque de Bourdeaus auoit eſté mis a mort par les Gots Arians. Et en l'epiſtre neufiefme du liure huitiefme, efcript, qu'il

uit

a Bour deaus uers le Roy des Gots Theodorich, ie
ne fai fi c'eſtoit Theodorich, qui fut tué en batail-
le a Chaalons, l'an quatre cens cinquante trois,
felon le compte de Sigebert : ou fon fils Theodorich :
et que là y auoit beaucoup d'embaffadeuts de diuers Roys et nations eſtrangeres. Par lefquels
propos de ce bon Auuergnac, fembleroit, qu'en ce
temps des Gots, la republique Bourdeloize, ne fe
feroit peu maïtenir en fa premiere frächife. Il fait
aufſi mention en l'onziefme et douziefme epiſtre dudit liure huitiefme, et en la treziefme du
neufiefme, d'un LEON poëte, d'un GALLI-
CINVS euefque, et d'autres fiens amis de Bour
deaus : et entre iceus d'un LAMPRIDIVS,
qui une nuit auoit eſté eſtranglé en fon lit par fes
feruiteurs, grand orateur et grand poëte, tant
Grec que Latin. lequel lieu de Sidonius eſt pour
toufiours confermer ce, qu'auons dit deſſus, qu'il
ne peut eſtre, que celle uille ne fuſt quelque cho-
ze, en la quelle y auoit tels maiſtres defcoles. Les
SARRASINS prindrent l'Efpagne, l'an fept
cens et uingt. ce compte le moine Sigebert : et dix
ans apres paſſerent les mons Pyrenées, et firent
de grans maus en la Guiene. Noz hiſtoriens com
ptent, qu'ils prindrent d'aſſault la uille de Bourdeaus, qu'ils la pillerent, et bruſlerent toute. De
F

quoy Charle Martel les chaftia quelques iours a-
pres.

Charle Martel maire du palais de France,
Pepin fon fils maire et Roy, et Charle Magne
fils de Pepin Roy de France, et Empereur de
Romme, eurent de grands guerres en la Guiene
contre les feigneurs d'icelle : mais ie ne uoi, que de
tout ce temps ici foit fait mention de la uille de
Bourdeaus : fors qu'en le teftament de Charle
Magne, qu'il fit l'an de l'incarnation de noftre
feigneur JESVCHRIST huit cens et on-
ze, trois ans deuant fon trepas, comme nous li-
Zons en Eginhart, Bourdeaus eft nommé entre
les uingt et une uilles metropolitaines, qui eftoient
en les terres de ce bon et grand feigneur, et auf-
quelles il leffoit de fes biens, pour apres fa mort
eftre diftribues aus pauurés.

HVON de Bourdeaus, fils de Seguin duc
de Guiene, et frere de Girard, eftoit de ce temps
ici : mais fon Romman ne nous en compte que
manfonges.

LES NORTMANS, gens du Septentrion
et Alemans, commancerent d'énuahir les bors
de la Gaule par la grand' mer, des le temps de
Charle Magne. Jls defcendirent finalement et
marcherent bien auant en terre foubs le regne de

Lois fils de Charle Magne, et de ſes enfans : et
nous firent maus ineſtimables. Ils eſtoient idola-
tres : et a ceſte cauſe couroient ſur tout a nos egli-
ſes, ou ils ſauoient que le nom de JESU-
CHRIST eſtoit inuoqué, et ſes ſacrements
adminiſtrés : et n'en leſſoient aucune entiere,
qu'ils peuſſent. I'ay leu en prou de uieus memoires, que ces felons meſcreans, qui auoient exillé et
bruſlé tout le païs de Poitou, Santonge, et Engoumois, uindrent finalemēt aſſaillir Bourdeaus,
qu'ils prindrent de force, et le traiterent non
moins cruellement, qu'auoient fait les Sarrazins,
il n'i auoit guere plus de cent ans. Mais ces choſes
ſ'eſloignent ung peu, de mon propos, qui n'ai ici
entreprins de fere ung liure de toute l'hiſtoire de
Bourdeaus, ains ſeulement cercher ce, qui ſe pourroit ueritablement dire et aſſeurer de l'antiquité
premiere d'icellui, et de ſes fondateurs, et des
uieus monumens, et antiques reſtes, qui ſ'i uoient
auiourd'hui, que comptons l'an mille cinq cens
ſoixante et quatre.

FIN.

BOVRG, eſt vn deſ antienſ motſ Gauloiſ, que leſ Romainſ ne nouſ ont peu faire perdre, ni changer en leur Latin. Ie ne ſai touteſfoiſ, ſ'il eſt pluſ Gauloiſ, que Germain. Car on en vze auſſi bien de là le Rin, que deça : maiſ leſ B O V R-G O V G N O N S ont eſté appelléſ de là, ce dit Paul Oroſe : et leſ B O V R G E O I S en ſont nomméſ entre nouſ, ceuſ, qui ſont de meſme bourg, ou de meſme uille. Or il ſe prent en deuſ ſorteſ. Premierement c'eſt un nom commun, ou comme diſent leſ grammarienſ, appellatif : qui ſignifie tout lieu, ou y a nombre de maiſonſ et d'habitanſ, et egliſe de paroiſſe, comme en une uille, et qui ſeroit uille, ſ'il eſtoit cinturé de muraille. Secondement Bourg eſt un nom propre : c'eſt a dire, qu'il ſe trouue prou de lieuſ qui n'ont aucun autre nom, que Bourg, ſoient bourgſ ou villeſ. Comme, au deſſuſ de COVGNAC uille de Santonge, ſur la meſme riuiere de Charante, qui paſſe a Cougnac, y a une parroiſſe, et un bien petit bourg, qui n'eſt rien,

G

qu'un uillage: lequel n'a autre nom, que Bourg.
A douze, ou treze lieues de là, sur la riuiere de
Dordougne, y a une uille, qui n'a aussi autre
nom, que Bourg: de maniere, qu'en mon païs
quant on parle de ces deus lieus ici, ou de l'un
d'iceus, on dit, pour faire cognoistre, duquel on
entend parler, Bourg Charante, ou Bourg sur
mer: appelant mer la riuiere de Dordougne, a
cause, qu'elle est fort large deuant Bourg, ua et
uient, et porte grans nauires comme une mer.
De l'antiquité de laquelle uille de Bourg sur
Dordougne, ie ueus icy faire pareil discours, que
i'ay par ci deuant fait de Bourdeaus, et quelques autres uilles de nostre Guienne.

Bourg donques, que nous appelons Bourg sur
mer, est une uille du dōmaine du duc de Guienne,
et par ce de celuy du Roy de France: pource qu'il
est a present et duc, et Roy de la Guienne: assize
en le Diocize de Bourdeaus, a l'orée de la riuiere
de Dordougne, du costé, qui regarde le Septentrion et l'Orient, sur un rocher, lequel en la partie
la plus haute, qui est celle, ou est pozée la maison du seigneur de Lansac, et l'abbaie prochaine,
a pour le moins soixante piés de haut. Elle est fort
petite uille: et qui ne peut auoir plus de uint et
trois iournaus de sole, ainsi qu'on fait le IOVR-

NAV en leſ terreſ du duc d'Engoumoiſ, et que leſ antienſ Romainſ harpentoient leur IVGE-RVM. Je n'entenſ touteſfoiſ comprendre en ce nombre de Iournauſ ce, qui eſt par le deſſouſ de la uille, iouxte icelle, preſque autant grand qu'elle, encloſ de muraille comme elle, non touteſfoiſ de ſi bonne muraille: que leſ Bourgeoiſ appellent la RETRAITE. Qui a eſté, en mon aduiſ, parci deuant, et meſmement du tempſ deſ guerreſ deſ Angloiſ, un haure: dedanſ lequel on retiroit petiſ et grandſ uaiſſeauſ de guerre, et autreſ, et leſ genſ auſſi, pour eſtre là en ſeureté.

LA riuiere de DORDOVGNE, qui paſ-ſc ainſi deuant la uille de Bourg, ſort deſ monſ appeléſ Cemmeinſ et Cebeinſ, en noſ antienſ geographeſ: maiſ que nouſ autreſ Santongeoiſ appelonſ la pluſ part leſ monſ d'Auuergne: paſſe par deuant Bragerac, Libourne, et pluſieurſ autreſ uilleſ et Bourgſ: et ſe uient ioindre a la GA-RONNE au deſſouſ de Bourg une lieue, comme lon conte: et a cinq de BOVRDEAVS: qui eſt aſſiſ ſur le bort de ladite Garonne: laquelle deſcent deſ monſ Pyrenéeſ par Toulouze, A-gen, et autreſ uilleſ: et ſ'en uont ainſi a la grand' mer ceſ deuſ belleſ riuiereſ ſoubz le nom, non de Garonne, ni de Dordougne maiſ de GIRON-

DE. *La Dordougne eſt beaucoup pluſ large*
deuant Bourg que la Garonne deuant Bour-
deauſ. Car la Garonne n'a deuant Bourdeauſ
que de troiſ cenſ cinquante a cinq cenſ cinquante
braceſ de largeur : maiſ la Dordougne deuant
Bourg en a pour le moinſ ſept cenſ cinquante : qui
ſont neuf cenſ paſ, en prenant le PAS *de cinq piéſ*
de longueur, et la toiʒe et B R A C E *de ſix. Ce*
ſont troiſ huitieſmeſ partieſ de lieue ou un quart
de lieue et demy quart : ou encoreſ autrement,
demie lieue moinſ demi quart : ſi lon fait la
LIEVE, *comme en mon paiſ, de mille tourſ de*
rouë de chart ette : et telle rouë, de douze piéſ de
rondeur : qui ſont deuſ milleſ braceſ de chemin.

   Le paiſ, qui eſt entre la Dordougne et Ga-
ronne, quant elleſ commencent ſ'approcher l'une
de l'autre, ſ'appele ENTRE DEVS MERS :
comme ſi ceſ deuſ riuiereſ, qui n'ont là rien ſalé,
maiſ ſont fort largeſ, portent grandſ uaiſſeauſ,
et uont et uiennent comme la mer, eſtoient pluſ
toſt mer, que riuiereſ : maiſ deuant Bourg et quel
que peu au deſſouſ, il ſ'appele autrement AM-
BE'S : *et la pointe, qui ſe fait au lieu, ou elleſ ſ'-*
aſſemblent, ſe nomme le BEC d'AMBE'S, *Bec*
dangereuſ, et duquel touſ leſ paſſanſ ne ſe peu-
uent paſ garder, quant le uent eſt grand, et qu'il

uient deuerſou deſcendent leſriuiereſ. Ce païſ
d'Ambéſ eſt fort fertile et paçageuſ: et pour y
paiſtre ſi paſſe de Bourg force beufz, cheuauſ, et
autre beſtail, en bateau : là ou il ſe trouue aucune foiſ deſ cheuauſ, qui quelque largeur qu'aye
la riuiere, en ceſt endroit, ſ'enhardiſſent d'i paſ-
ſer a nage, comme pour eſpargner la poine deſ
hommeſ, et ſauuer leur naule. Maiſ reue-
nonſ a noſtre propoſ.

Ie n'ai peu onqueſ recognoiſtre en la uille de
Bourg choſe, qui me monſtraſt grand a age : maiſ
auſ GOGVES, qui eſt un lieu en leſ uigneſ de
deſſoubſ Bourg, ou le ſeigneur de Lanſac cueille
de fort bon uin, y a quelque reſteſ de uieille muraille : qui ne reſſemblent paſ mal de matiere et
façon a celleſ du uiel Bourdeauſ, et du palaiſ
Galienne. Je ne ſai que cela peut auoir eſté :
maiſ i'ay là quelquefoiſ recogneu un pan de
muraille de cinquante ſix braſſeſ de longueur. Jl
y a bien quelque mention de Bourg en leſ hiſto-
rienſ, qui ont eſcript ce qui ſ'eſt fait en la Guienne contre leſ Angloiſ, et meſmement du tempſ
du Roy Charleſ ſeptieſme : mais cela n'eſt point
antique pour une uille. De touſ leſ pluſ uieuſ
aucteurſ ni en a aucun, qui aïe dit mot de Bourg,
que SIDONIVS APOLLINARIS : qui

fut euesque d'Auuergne au temps que les Gots tenoient la Guïenne, enuiron l'an de nostre salut quatre cens cinquante. Ill'appele B V R-G V S en son latin : et en a fait un carme de deus cens trente cinq uers. Il auoit grande a-mitié auec le seigneur de Bourg, qui lors estoit : lequel il appele PONTIVS LEONTIVS : et a raison de ceste amitié, luy uoulut escrire quelque chose, ou il print plaisir : et pource mit en uers Latins toutes telles louanges de Bourg, dequoy il se peut aduiser pour l'heure. Mais il fit cela estant a Narbonne en Languedoc, et, ainsi que ie croi, sans auoir iamais esté a Bourg, ains seulement pour en auoir ouy parler a des gens, qui l'auoient mal informé de l'assiette de Bourg. Car il semble, qu'il le uueille planter sur son roc en Ambés, entre les deus riuieres. Au demeurant, uoici qu'il en dit. Premierement, que le fondateur, et celuy, qui fit le premier cincturer de murs ce roc, s'appelloit PONTIVS PAV-LINVS. Lequel Paulinus, si ce n'est celuy, qui a escript des lettres Latines a Ausone de Bourdeaus, et Ausone a lui : c'est pour le moins quelquun des parens de cestui la, et de la race des Paulins, qu'on cuide auoir eu maizon a Bourdeaus, au lieu qui s'appele PVIPAVLIN

pour le iourdhui. Et croy d'auantage, que ce Pon
tiuſ Paulinuſ eſtoit ou pere, ou aieul du ſuſdit
Pontiuſ Leontiuſ, auquel Sidoine eſcrit ce poë-
me.   Or ie n'ai peu uoir a Bourg aucun lopin de
muraille, qui me repreſentaſt ceſt eage là.   Le
TEMPS, qui mange tout, et meſme ſeſ propreſ
enfanſ, comme on lit entre leſ fableſ de ceſ ſa-
geſ antienſ Grecſ, il peut auoir mangé ceſ pre-
miereſ murailleſ là : maiſ leſ guerreſ et enne-
miſ leſ peuuent auſſi auoir abbatueſ.   Car ſi leſ
Sarrazinſ, Nortmanſ, et Danoiſ, ont autre-
foiſ traicté la uille de Bourdeauſ de ſi cruelle
façon, que nouſ auonſ monſtré : ne peuuent ilſ
auſſi auoir demantelé Bourg?   Ce, que nouſ a-
uonſ dit deſ Gogueſ, pourroit eſtre du tempſ de
ce Paulin icy, maiſ leſ murſ, qui ſont auiour-
d'huy de la uille de Bourg, il ne pourroit auoir
pluſ de troiſ ou quatre cenſ anſ, qu'ilſ ont
eſté baſtiſ.

Dit apreſ Sidoine, que ce ſeigneur Ponce
Paulin auoit en ſa uille une fort belle maizon,
mout belleſ gallerieſ, et grenierſ : un temple,
deſ bainſ bien aornéſ de beau marbre, et autreſ
chozeſ : dequoy ne trouueréſ memoire ni reliqueſ
aucuneſ pour le iourd'huy en la uille de Bourg.

C'eſt tout ce, que ie puiſ pour ceſte heure diſcourir de l'antiquité de la uille de Bourg ſur mer: laquelle eſt de ce tenue a ce bon et reuerant pere d'Auuergne, et pour rayſon de luy, a tout ſon païſ: que par luy elle prouuera, qu'auiourd'hui, que contonſ mille cinq cenſ ſoixante, il y a pour le moinſ onze cenſ anſ, qu'elle eſt uille: qui n'eſt paſ petite antiquité. Engouleſme, la Rochelle, Ponſ, Libourne, et pluſieurſ autreſ uilleſ ſeſ uoiſineſ, beaucoup pluſ grandeſ, et richeſ, qu'elle, ne ſauroient trouuer, qui depouſſaſt pour elleſ de ſi long tempſ.

FIN.